LA COOPÉRATION

ET

LA POLITIQUE

PARIS. — IMPRIMERIE L. POUPART-DAVYL, 30, RUE DU BAC.

LA COOPÉRATION

ET

LA POLITIQUE

PAR

P. MALARDIER

ANCIEN REPRÉSENTANT DU PEUPLE

Rien par l'État.
Tout par l'Individu.

La liberté est créatrice.

Prix : 50 centimes

PARIS

ARMAND LE CHEVALIER, ÉDITEUR
61, RUE RICHELIEU, 61

1867

LA COOPÉRATION

ET

LA POLITIQUE

Rien par l'État.
Tout *par* l'individu

La liberté est créatrice.

Mon cher D...,

En vous isolant systématiquement de la politique, vous faites fausse route. Je vais essayer de vous le démontrer aussi brièvement que possible.

Voici, selon moi, la question telle qu'elle se pose :

QUELS SONT LES RAPPORTS NÉCESSAIRES DE LA COOPÉRATION AVEC LA POLITIQUE ?

Disons tout d'abord qu'il y a une vieille erreur propagée autrefois par les écoles socialiste, saint-simonienne et fouriériste, qu'en dehors de la politique on peut réformer la société tout entière et changer radicalement le sort des classes pauvres, en un mot supprimer le *prolétariat.*

Cela revient à dire que, les formes politiques, monarchie, aristocratie, démocratie, empire ou république étant indifférentes, puisque ce ne sont que de pures ormes, il faut laisser la politique de côté et aborder résolûment la question des réformes sociales d'une manière scientifique et pacifique.

Il n'y a pas d'erreur plus grossière, plus funeste, à notre avis.

Cette aberration dont étaient revenus en 1848 et 1849, sous la république, les jeunes adeptes du fouriérisme, cependant, aujourd'hui, malgré le témoignage des faits et la logique des événements contemporains, cette aberration a laissé des traces visibles dans les esprits, dans les discours, brochures, livres et journaux du jour.

De là cette affirmation dans une certaine presse obéissant à un mot d'ordre, dans des brochures tapageuses destinées à engluer les ouvriers naïfs, que 1848 a été plus nuisible qu'utile, qu'aujourd'hui il faut *abandonner le terrain stérile de la politique* pour résoudre les problèmes sociaux de banque et d'associations ouvrières, de coopérations ouvrières, pour employer le langage actuel.

Qu'on veuille remarquer :

1° D'abord la simultanéité du fait capital de la proclamation de la république en France et de l'éclosion des associations ouvrières, non-seulement chez nous, mais en Angleterre et en Allemagne;

2° La vérité historique hautement exprimée dans plusieurs passages du livre intitulé *Le Mouvement coopératif à Lyon et dans le midi de la France*, ainsi que dans *l'Annuaire de l'Association* et *l'Almanach de la Coopération pour* 1867, que 1848 a donné naissance à un grand nombre d'associations ouvrières à Paris et à Lyon, associations qui ont disparu, en partie, au coup d'État du 2 *décembre* 1851.

« Vers la fin de 1851 il existait, à Paris seulement, plus de *deux cent cinquante associations*, sans compter un grand nombre d'autres en province. A la suite d'événements que nous croyons inutile de rappeler, presque toutes disparurent. En 1852 on ne compte plus dans la capitale que *quinze associations...* » (*Almanach de la Coopération.*)

« *L'Association économique des Travailleurs-Unis*, plus connue des Lyonnais sous le nom de *Société des Castors*, fut établie également en 1848, mais sur des principes différents de ceux qui régissaient les Travailleurs-Unis. »

Parmi les diverses associations de consommation établies à Lyon à la même époque, nous devons mentionner encore *la Société des Travailleurs* et *la Société française de l'industrie*. L'une et l'autre furent supprimées par ordre supérieur, comme *les Travailleurs-Unis* et *les Castors*.

« Outre leur objet économique, les Travailleurs-Unis poursuivaient un but moral : ils voulaient, en améliorant, en assurant leur position matérielle, élever et éclairer l'intelligence des ouvriers. Ils jetaient les bases d'une institution des *Invalides du travail* et se proposaient d'ouvrir des écoles primaires, lorsqu'en 1851 un arrêté de l'autorité militaire ordonna la liquidation de leur société. »

« Une Association des Travailleurs-Unis, constituée à Vienne (Isère), sur le modèle de Lyon, partagea le même sort. » (*Annuaire de l'Association.*)

Citons encore :

« *L'Association des Travailleurs-Unis*, dit l'auteur du *Mouvement coopératif*, par suite des jalousies qu'elle suscitait parmi les marchands de détail et des défiances de l'autorité, *devait subir le sort commun de toutes les sociétés ouvrières de l'époque...* Un jugement du tribunal de commerce de Lyon, rendu le 9 janvier 1852, et dont nous avons le dispositif sous les yeux, nous apprend qu'à la suite des démarches faites par les principaux intéressés, certains adoucissements avaient été apportés à l'exécution stricte des ordres du général, qui voulaient que « les associations dites fraternelles fussent liquidées immédiatement *par un commissaire de police, sans forme de justice.* »

Citons encore pour l'instruction de la génération actuelle, qui sait si mal les choses de ce temps-là :

« A Vienne (Isère) l'autorité procéda de la même façon.

« *En* 1848, le souvenir encore récent de l'œuvre avortée, *l'entraînement de plus en plus prononcé vers les idées d'association*, peut-être aussi l'exemple des sociétés lyonnaises, engagèrent les Viennois à reprendre leur projet en le modifiant sur quelques points, et à organiser une société commerciale pour la vente des denrées alimentaires. »

« ... Pour en revenir aux Travailleurs-Unis (Isère), le caractère inoffensif et purement industriel de leur institution ne put les empêcher, en 1851, de devenir l'objet des méfiances de l'administration, et un arrêté du général Castellane, en date du 31 décembre, ordonne la dissolution et la liquidation de leur société. »

Voici l'arrêté du général Castellane :

Armée de Lyon, commandement supérieur des 5ᵉ et 6ᵉ divisions militaires, nᵒ 109.

« Nous, général en chef de l'armée de Lyon, commandant supérieur des 5ᵉ et 6ᵉ divisions militaires;

« Vu l'arrêté du président de la république, en date
du 15 juin 1849, qui met en état de siége la ville de
Lyon et toute la circonscription comprise dans la 5e di-
vision militaire,

« Arrêtons :

« L'Association fraternelle des Travailleurs-Unis de
la ville de Vienne est dissoute.

« Les autorités militaires, civiles et judiciaires sont
chargées du présent arrêté.

« Signé : CASTELLANE (1). »

Ainsi, liquidation par un commissaire de police, sans
forme de justice, cela était sommaire et expéditif, comme
à Tunis, et l'exécution de l'arrêté était confiée d'abord,
notons-le, aux autorités militaires, puis aux autorités
civiles et judiciaires, c'est-à-dire l'épée avant l'écharpe
et la toge.

4° Qu'on veuille remarquer encore :

La réapparition simultanée, sous un autre nom, depuis
quelques années, de la Coopération ou Association ouvrière et de la liberté politique en France, liberté bien
limitée, il est vrai.

De tout cela il nous semble qu'il résulte clairement
que la liberté politique et la réforme sociale sont corrélatives, ont un rapport direct, intime, nécessaire,
presque mathématique entre elles; que vouloir établir
l'une sans l'autre est une manifeste absurdité politique
et sociale, puisque la liberté et la réforme sociale naissent et meurent ensemble, comme la plante et son fruit,
par les mêmes causes et sous l'empire des mêmes cir-

---

(1) Le Mouvement coopératif à Lyon et dans le midi de la France, par
Eugène Flotard, vice-président de la Société d'économie politique de
Lyon, page 7. Paris, librairie des sciences sociales, Noirot et Ce, édi-
teurs, 13, rue des Saints-Pères, 1867.

I.

corstances favorables ou nuisibles. L'épanouissement pour la plante, c'est une question de milieu atmosphérique ; pour l'homme comme pour l'association, c'est une question de milieu politique.

Ce point établi d'une manière générale suffirait à démontrer la proposition énoncée ci-dessus, le rapport intime de la *Coopération* et de la *Politique*, et à ramener les personnes égarées par de fausses théories dans la voie de la logique et du bon sens ; mais, cependant, il est nécessaire, je crois, afin de convaincre les esprits rebelles, de prouver, par des faits saillants et précis, par des raisons déduites de ces faits sociaux, les rapports nécessaires, immédiats, nombreux, clairement apparents, qui existent entre la *Coopération* et la *Liberté* politique, qui est aussi une sorte de coopération transcendante.

Il est nécessaire, et c'est là mon but, de prouver que la Liberté politique et la Coopération ou Association ouvrière sont sœurs, naissent, vivent et succombent ensemble.

Un coup d'œil historique ne serait peut-être pas déplacé ici dans cette question du travail.

L'ancienne société féodale était fondée sur les castes ; le gouvernement, expression violente d'un état barbare, était pour ainsi dire une entreprise particulière, une sorte de société en commandite, fonctionnant au nom et au profit d'un petit nombre de familles riches et puissantes, société dont le gérant-né était le Roi, ne rendant compte qu'à Dieu et à sa conscience. Au-dessous de la royauté, à des degrés divers, étaient organisées les autres classes, les bourgeois en *bourgeoisies* ou *communes*, les ouvriers en *jurandes* ou *corporations*, dont ils ne pouvaient sortir. Quant aux paysans sans état civil, ils appartenaient, en cheptel, aux seigneurs. Il est inutile d'insister pour faire saisir le rapport direct et intime existant entre le gouvernement, forme politique, et l'organisation sociale, expression de la société d'alors.

Arrive 1789. C'est l'ère nouvelle : suppression du monopole gouvernemental ; le gérant-roi reçoit un conseil de surveillance nommé par la nation, qui finit bientôt, vu l'abus de la chose, par supprimer le gérant et se met résolûment à administrer elle-même par l'intermédiaire de ses mandataires ; — suppression des jurandes et des corporations ouvrières, suppression du servage politique ; suppression de l'ancien régime.

La révolution politique a produit la révolution économique ou sociale : la corrélation est parfaite, évidente, palpable.

Un grand phénomène historique se produit. Le peuple français, debout sur les ruines du despotisme, et tenant fièrement à la main le drapeau de la liberté pour résister à la coalition des rois du temps, enflammé par l'amour de la liberté et de la patrie, ne crée qu'une seule association, immense, pour la défense du pays et la conquête du droit : c'est l'armée républicaine et démocratique qui terrassa les rois de son bras puissant.

Dans cette lutte de géants, la patrie avait vaincu, mais le droit n'avait pas été conquis : il avait péri sous la botte d'un soldat couronné.

D'immenses événements et un despotisme sans nom, fruit naturel de la guerre, ajournèrent indéfiniment la réforme économique, parce que l'organisation politique était ajournée.

Cependant, le peuple, tombé du régime des castes dans l'individualisme qui devait le sauver, disait-on, fut réduit à l'état de poussière, et par conséquent sans force, parce qu'il était sans cohésion, sans organisation politique et sociale.

Les paysans, au nombre de quinze millions et plus, affranchis en droit, demeurèrent et sont encore serfs de fait; ils furent et sont encore exploités par l'usure qui les dévore; les ouvriers, eux aussi, quoique plus libres et plus instruits, furent livrés au monopole financier et industriel qui les ronge. Et des gens se trouvèrent, qui crièrent que le peuple n'avait rien gagné à la révolution qui devait le régénérer. Des dupes, parmi les ouvriers, répétèrent ce cri trompeur plein d'embûches et d'anathèmes contre l'avenir.

Donc, le gouvernement impérial ou monarchique, après la chute de la République, étant redevenu un monopole, la nation française ne s'appartenait pas : le peuple vivait au jour le jour, sans garantie du lendemain.

La Révolution de 1848, née d'un travail d'idées antérieur, réalisa, pour la seconde fois en France, la forme la plus complète, la plus simple, et l'on peut dire la plus naturelle de la liberté : la république, le suffrage universel, l'égalité de tous. Aussitôt, comme par enchantement, le mouvement économique et social se met au pas de la politique et fait éclore de nombreuses associations ouvrières ou redonne une vive impulsion à celles qui existaient déjà, soit en France, soit en Angleterre.

L'Allemagne s'ébranle : l'Europe s'agite, profondément remuée par la liberté qui avait passé le Rhin.

La France venait de se donner des institutions républicaines. Mais si la question politique était résolue, la question sociale restait à résoudre. Les deux grandes fractions du parti démocratique, dans et hors du gouvernement, commirent, à notre avis, la faute énorme de ne pas comprendre, qu'en fait de réforme sociale le fond et la forme se tiennent étroitement; qu'il y avait contradiction manifeste à vouloir fonder la politique sans le socialisme, au moins dans ce qu'il avait de pratique et d'utile, ou d'appliquer le socialisme sans tenir compte de la politique, sauvegarde de l'Etat populaire. C'est là ce qui donna si beau jeu à la réaction, du reste, mal éclairée sur les vraies tendances du socialisme qu'elle appelait *communisme*, et puis effarée à la vue du *spectre rouge* qu'on agitait sans cesse devant ses yeux troublés : elle poussa ainsi la République vers un dénoûment connu, qui pèse lourdement sur nous.

Le coup d'État du 2 décembre 1851, qui changea si radicalement les institutions nationales de la France, fit disparaître aussi, comme nous l'avons vu, et c'était logique, — à Paris, à Lyon et sur d'autres points du territoire, — la plupart des associations ouvrières nées au souffle du 24 février, et dont quelques-unes étaient déjà florissantes.

Ainsi, le *mouvement coopératif*, arrêté net en France par ces graves événements, continue son cours régulier en Angleterre et en Allemagne (d'où le mouvement nous reviendra plus tard), les deux pays de l'Europe qui ont le plus profité de notre révolution de 1848, sans trop nous en tenir compte.

Qui le niera? Il y a évidemment un esprit de solidarité dans toute l'Europe occidentale. D'ailleurs, le silence ne pouvait toujours durer dans cette France qui, autrefois, avait parlé si haut à la tribune. Un beau jour, dix ans après, la parole lui revient. La liberté renaissante commence à bégayer de nouveau, puis articule des mots, prononce des phrases distinctement, puis parle un peu plus haut, plus énergiquement, soit à la tribune, soit dans la presse. Enfin, encouragée par la nation qui s'est réveillée d'un long sommeil léthargique, la nation, en face du fantôme d'elle-même, fait entendre une voix sonore qui va réveiller les consciences endormies dans toute la France.

La France vit, elle a retrouvé son Verbe, son *Credo* résumé en un seul mot : LIBERTÉ!

Ce mouvement politique a vu se développer parallèlement à ses côtés le mouvement économique et social des associations ouvrières sous le nom de *Coopération*.

La coopération, sous un nom nouveau importé d'Angleterre, avec des modifications dans la forme et dans la direction, c'est au fond la même chose, la même pensée, le même but : l'émancipation des travailleurs. Si l'union fait la force, elle fait aussi la richesse. Elle enfantera infailliblement la liberté, fondera la vraie égalité.

La transformation sociale qui s'élabore actuellement sous nos yeux, si on ne parvient pas à la faire dévier dans sa marche, — l'existence de l'*Association internationale des ouvriers*, les congrès ouvriers, les associations de Londres et de Paris correspondant par le télégraphe, s'envoyant des délégués ; la création de banques populaires, de sociétés de consommation, de production, de crédit mutuel, — ce *mouvement coopératif* a une portée immense : il créera une société nouvelle. Nul ne peut le nier, à moins de fermer les yeux de parti pris à la lumière et de s'endurcir dans une résistance aveugle, dans une vieille politique en pleine déroute à l'heure actuelle.

Oui, c'est un courant qu'il s'agit de diriger, et non d'entraver, encore moins de supprimer. Ceux qui le tenteraient y périraient misérablement et la postérité les maudirait.

D'ailleurs, qu'opposerait-on à cette révolution pacifique du travail ?

Quelles raisons valables apporterait-on pour combattre cette grande évolution sociale opérée au grand jour par le peuple, je dirai mieux, par les peuples voulant enfin sortir de l'antre de la misère et des limbes de l'ignorance ?

Que craindrait-on ? Plus de bien-être, d'instruction,

de puissance et de prospérité pour les États? plus de liberté? moins de guerres, de gros budgets et d'armées permanentes en Europe? plus de sécurité, moins de sinistres sur les mers affranchies? plus de civilisation sur le globe entier?

Voyons :

Que se proposent les associations ouvrières?
Que signifie la coopération?
Quels sont ses moyens?
Quel est son but?

La coopération poursuit et doit poursuivre un double but :

1º L'affranchissement des ouvriers;
2º L'affranchissement des paysans.

S'il est vrai que le vote des paysans est d'un grand poids dans les élections; s'il est vrai que la politique domine le mouvement économique, il est certain que ces affranchissements se tiennent très-étroitement et que l'un doit amener l'autre sous peine d'échouer l'un et l'autre.

Cet affranchissement doit être économique, c'est-à-dire matériel; moral, c'est-à-dire intellectuel.

La Coopération doit opérer le premier, l'instruction doit créer le second.

Du reste, il est évident que l'affranchissement des ouvriers doit précéder l'autre, par la simple raison que, les ouvriers étant plus instruits et agglomérés, comprennent mieux et ont plus de facilité de se réunir pour s'entendre et réaliser l'organisation nouvelle.

Mais, et c'est ici le point capital, sur lequel j'appelle l'attention de tout homme qui veut le progrès, ce que les ouvriers ne doivent pas perdre de vue un seul instant, et ils l'ont bien compris comme nous, puisque aux élections générales, malgré une pression énorme de la part de l'administration, partout dans les villes, sauf de rares exceptions, la population ouvrière a voté en masse pour l'opposition. A Paris, triomphe complet.

C'est qu'ils ont senti que toutes les libertés se tiennent, s'engendrent, s'arc-boutent, se pénètrent, se fécondent.

Ce qu'ils ne doivent pas oublier, c'est que la liberté politique est la grande matrice où s'élaborent toutes les autres libertés qui, sans elle, demeurent stériles.

Faudrait-il rappeler ici comment, en Allemagne, se sont développées les sociétés ouvrières quand l'Allemagne, avant la conquête prussienne, jouissait d'une liberté presque entière?

Faudrait-il rappeler la prospérité des sociétés de coopération en Angleterre, où la liberté d'association et de réunion est complète, absolue?

Faudrait-il citer la grande république des États-Unis, où règne en même temps l'individualisme le plus énergique allié à l'esprit d'entreprise et d'association le plus large, le plus audacieux, le plus fécond?

La petite république suisse, ainsi que la libre Belgique, pourraient aussi nous enseigner dans quelle voie sûre nous devons marcher pour éviter les conséquences terribles de la guerre, qui détruit souvent les conquêtes de la paix et fait rétrograder les institutions des peuples en même temps qu'elle corrompt les mœurs, dévore la fortune publique et lègue à l'avenir le souvenir de malheurs inouïs et d'effroyables charges budgétaires.

Est-ce là ce que veut actuellement l'Allemagne qui, par l'organe du roi de Prusse et de son ministre, offre aujourd'hui pour prix de sa neutralité la guerre à la France, en travail d'enfantement de sa liberté?

Je m'adresse ici au peuple allemand, aux esprits droits que n'aveugle point la fureur de l'unité allemande : les associations ouvrières, en Allemagne, ont acquis, on le sait, une grande richesse et une grande puissance ; mais elles ont failli, je crois, à leur mission rénovatrice, en s'occupant trop uniquement de leur accroissement matériel ; disons-le hautement, malgré leur richesse, malgré leur puissance, malgré leur vaste organisation démocratique et sociale, qui leur aurait permis d'agir comme un seul homme, quelle barrière ont-elles opposée à l'esprit militaire et féodal de la Prusse qui a subjugué l'Allemagne par le fusil à aiguille, au lieu de la transformer par la fédération et l'harmonie des intérêts ?

Qu'ont-elles opposé à cet esprit d'ambition et d'orgueil qui menace aujourd'hui d'allumer une guerre effroyable avec la France ?

Si la guerre éclatait, ne pourrait-elle, à cause des nécessités de la lutte, dévorer les ressources de l'Allemagne, tarir non-seulement le trésor public, mais encore les caisses particulières des associations ouvrières ?

Qu'auraient donc gagné les ouvriers allemands, victimes d'ambition royale et d'appétits ministériels inassouvis ? Qu'auraient gagné les ouvriers allemands qui, dans la dernière période, par leur inertie ou leur complicité politique, ont laissé se développer, bien mieux, ont poussé activement, énergiquement à l'état de choses actuel, où les restes de la liberté de l'Europe peuvent périr, comme ils ont déjà péri au commencement de ce siècle, sous les ruines accumulées par la guerre et par le despotisme qui en vit ?

Qu'auront gagné les ouvriers allemands à refaire l'*Empire allemand* ? Des chaines plus lourdes que celles qu'ils avaient presque brisées dans les petits États donnés à dévorer au roi de Prusse. La liberté allemande valait mieux que l'unité allemande.

Les Allemands ont sacrifié la première pour mettre M. de Bismark *en selle*.

Au reste, les rois ou empereurs ont toujours à gagner à la guerre; les peuples ont toujours à y perdre.

Où les mène-t-il, M. de Bismark? Au despotisme militaire.

Ouvriers français, avertis par ce qui se passe chez nos voisins d'outre-Rhin, n'oubliez pas que la politique domine tout; n'oubliez pas qu'un bon gouvernement, assis sur la liberté et la volonté éclairée du pays est la meilleure, je dirai la seule garantie sérieuse pour sauvegarder tous les intérêts sociaux; n'oubliez pas que la grande association ou coopération qui s'appelle gouvernement, quand il est bon, est le palladium de l'honneur national, le bouclier de la richesse nationale, ainsi que de la richesse particulière; n'oubliez pas que la sécurité des citoyens et de leurs intérêts individuels ou collectifs est en raison directe de la qualité du gouvernement.

Or, qualité d'un gouvernement est synonyme de *liberté*.

Si vous faites de bonne politique, vous faites en même temps de bonne coopération. On n'échappe jamais à cette loi de *solidarité* qui étreint les individus, les sociétés, les peuples et les mondes.

Quand le peuple, dans de vastes comices, libre et instruit, votera la paix et la guerre et pèsera, dans sa haute raison, le juste et l'injuste, le droit international sera bien près d'être créé. Alors la politique, devenue science sociale, aura réalisé sa formule complète; alors le peuple aura trouvé la clef du bonheur sur la terre.

Mais qu'on ne se fasse pas illusion, ce droit international, capable d'arrêter les guerres désastreuses et la ruine des peuples par les armées permanentes, ne peut être fondé que par le droit national dans chaque État de l'Europe; et le droit national ne peut avoir de base fixe et solide que dans la transformation radicale de la condition politique et sociale du peuple; et notre conviction est que la coopération est l'un des modes, peut-être, si elle est bien conduite, le seul mode effectif qui puisse opérer cet immense changement.

Mais, pour la réussite de l'œuvre, tout dépend du point de départ.

On le sait, en fait de coopération, il y a deux écoles, deux principes. Il n'y en a qu'un seul bon : il faut choisir. Nous disons deux principes :

Il y a le principe centralisateur ou gouvernemental, ou d'une manière plus générale, le *principe de subvention* par l'État, une banque ou une société déjà constituée.

Une société quelconque obtient pour se fonder, du gouvernement ou de particuliers, une somme d'argent : voilà ce que j'appelle le principe de subvention. Cette société, débutant par un emprunt, tombe nécessairement sous le patronage qui fausse son principe et sa direction.

Le second principe, le principe individualiste, le seul vrai, s'affirme par son initiative toute personnelle. Exemple : un groupe d'ouvriers se réunissent et mettent en commun quelques sous ou quelques francs dans un but déterminé. Voilà la vraie société de coopération fondée.

Ici point d'emprunt, point de patronage, d'attache point : aucun élément étranger devant nécessairement apporter une perturbation quelconque, et dans l'esprit et dans la direction de la société.

Voilà une œuvre qui aura vie et solidité, parce qu'elle est rationnelle.

Le mouvement coopératif ou sociétaire a eu en Allemagne, comme chez nous, ses deux écoles représentées là par deux noms bien connus : Schulze-Delitzsch et Lasalle, tué en duel il y a quelques années.

Le premier, appuyé sur le principe individualiste, rien par l'État, tout par l'individu, — s'est donné une peine infinie, et grâce à son énergie, à une rare persévérance, a triomphé de tous les obstacles. Avec la molécule ouvrière, il a construit la société ouvrière, édifice social qui défiera le temps, il faut l'espérer.

Si l'on consultait l'histoire, il ne serait pas difficile de découvir que toute société politique, — *État, commune* ou *bourg*, même les *sociétés religieuses*, — a commencé par quelques membres associés qui ont constitué le noyau ; puis d'autres sont venus se grouper par affinité ou intérêt. Plus le groupement a été lent, difficile, mais régulier, homogène dans le choix, plus aussi le résultat a été solide. Les molécules se collaient l'une à l'autre : la cohésion se trouvait parfaite.

Le mode de formation était l'unité pour arriver à la collectivité ou solidarité. C'est le travail de la nature.

« Qui va *piano* va *sano*, » dit le proverbe italien. C'est aussi le travail créateur de la société et des États.

Les républiques de Grèce, la république romaine, au moyen âge les républiques d'Italie, la république suisse, les communes de Flandre et des Pays-Bas, les bourgs d'Angleterre, les communes de France, la grande république des États-Unis même, tout cela a commencé petitement, modestement, obscurément, sans éclat ni prétention, n'étant patronné ni commandité par les rois ou sociétés existantes de cette époque. Au contraire, le travail d'agglomération s'est fait, la plupart du temps, la truelle d'une main et l'épée de l'autre. Ce fut lent à se former ; mais la construction à chaux et à sable, avec le ciment du patriotisme et d'une forte conviction, fut solide, sans cependant défier le temps, qui détruit tout, même les constructions romaines.

Dans le règne végétal, c'est la même loi. Tout arbre qui croît vite est faible, et de peu de valeur et de peu de durée : c'est le bois blanc.

Tout arbre, au contraire, qui croît lentement acquiert par là une force remarquable et une grande durée. Le chêne, par exemple, le *fissile robur des Latins*, sort d'un faible gland, pousse et se développe très-lentement; au printemps feuille le dernier; au bout de vingt ans on peut encore empoigner son tronc avec les deux mains; au bout de deux cents ans, c'est le géant des forêts, le roi de tous les arbres d'Europe par la puissance de son tronc vigoureux et le majestueux ombrage qu'il projette au loin.

Ainsi des peuples et des institutions sociales.

Dans le règne animal, c'est la même loi. Les exemples abondent parmi les animaux. L'homme se développe aussi plus lentement que la femme : il devient cependant plus fort au moral et au physique. A lui les grandes tâches de la société; à elle, sa noble compagne, l'adoucissement des aspérités de la vie. Droits égaux, spécialités diverses, œuvre commune.

Dans le règne économique ou social, c'est la même loi, car la nature est bien plus régulière qu'on ne croit ; elle est même formaliste : elle obéit évidemment à des lois générales, positives, mathématiques, que la science constate chaque jour au grand détriment de la Providence.

Comme la nature coopère régulièrement, il faut aussi *coopérativement*, pour que ce mot ait son sens vrai, il faut imiter la nature : on commence petitement et non par jet. Que deux, trois, cinq, une dizaine d'individus d'abord; puis vingt et cent s'unissent, s'agglomèrent en choisissant scrupuleusement tous les membres, n'admettant au fur et à mesure que les individus soumis à une sorte de noviciat, ayant été jugés dignes d'entrer dans l'association sans pousser l'exclusion trop loin.

Telles se sont formées les associations des Travailleurs-Unis et celle des Castors, à Lyon; les associations des maçons et des mégissiers, à Paris.

La tâche a été rude au début; mais, grâce à des efforts surhumains et à une direction intelligente, actuellement la prospérité de l'œuvre est assurée : c'est là une conquête digne du dix-neuvième siècle, bien supérieure à celle du *fusil à aiguille*, à l'aide duquel les rois et les gouvernements actuels veulent reconstituer et moraliser les divers États de l'Europe, à laquelle on prépare une horrible indigestion de fer fondu, à moins que les ouvriers, avisés à temps, ne se tendent la main par dessus les frontières, à moins que l'*Association internationale des ouvriers* ne vienne démolir l'échafaudage de la diplomatie.

Oui, l'influence des ouvriers peut être décisive sur les gouvernements, obligés de compter avec eux sur toutes les questions de paix et de guerre.

Mais, selon nous, l'influence des ouvriers ne peut être réellement décisive qu'à une seule condition : c'est qu'ils s'attachent fermement à un principe fixe, inébranlable. Or, en fait d'association, je l'ai dit, il n'y en a qu'un seul, un seul, répétons-le, c'est le principe de l'initiative personnelle, sans patronage ni attache gouvernemental.

En industrie comme en politique, liberté, liberté toujours et partout! *La liberté est créatrice.*

En 1848, je le reconnais, emporté par un enthousiasme sans bornes, on voulait former tout d'une seule pièce et tout d'un trait les sociétés ouvrières. Comme le gouvernement était démocratique, comme il y avait harmonie entre l'État et le principe d'association, le peuple des villes, qui voulait aller vite en besogne, et spécialement Paris où les ouvriers accordaient seulement trois mois de crédit au gouvernement provisoire, le peuple faisait appel à l'État pour avoir des fonds.

L'intention était bonne, mais le point de départ était mauvais. Subvention de l'État, même démocratique et social, ou emprunt quelconque, est une base fausse pour toute association sérieuse; et nul plus que moi aujourd'hui ne blâmerait énergiquement ceux qui voudraient faire de la coopération en s'adressant pour obtenir des secours, soit à l'État, soit à des banques privilégiées. Au reste, les faits sont là pour corroborer la théorie : c'est que, de toutes les sociétés de coopération qui se sont fondées dans ces conditions, on pourrait à peine en citer une seule qui ait prospéré.

« A la date du 16 juin 1866, *le Moniteur universel* annonce que la *Caisse des Associations coopératives* s'est établie au capital d'un million, dont 500,000 *francs* souscrits par l'Empereur. Depuis lors, les statuts de la *Caisse des Associations coopératives* ont été publiés; mais nous n'avons pas appris que cette société ait déjà commencé ses opérations. » (*Almanach de la coopération.*)

Le protectorat de l'État est donc peu efficace. A ce propos, je m'étonne que M. Frédéric Morin, qui a fait dans *l'Avenir national*, le compte rendu du livre de M. Flotard sur le *Mouvement coopératif*, n'ait pas dit un seul mot contre la société des *Tisseurs lyonnais*, qui ont reçu de la *Société du Prince Impérial* un prêt de 300,000 francs pour fonder leur société, pas plus qu'il n'a parlé de la *Société des Tullistes* (de Lyon), qui ont également obtenu de la même société une avance de 100,000 francs, par l'entremise du préfet du Rhône.

Ces deux sociétés ont doublement faussé le principe coopératif, et donné par là un mauvais exemple, ainsi

que la Caisse des Associations coopératives, à leurs
sœurs de Paris et des départements.

Ni l'État, ni un particulier, quelque haut placé qu'il
soit, n'a charge d'organiser les sociétés coopératives,
entreprises particulières et ne devant, par conséquent,
être soumises qu'aux lois générales du pays. L'opinion
est faite là-dessus aujourd'hui.

Aussi le sentiment repousse-t-il avec raison l'idée
fondamentale de cette prétendue SOCIÉTÉ dite NATIO-
NALE, *pour l'extinction du Paupérisme,* fastueusement
annoncée sous *le protectorat de Sa Majesté l'empereur Napoléon III.*

« Nous avons, dit *l'Avenir national* du jeudi 11 avril
1867, quelques observations à présenter sur la *Société
nationale pour l'extinction du paupérisme, invalides civils de France, protectorat de Sa Majesté l'empereur
Napoléon III. Ces diverses mentions figurent sur ses
dernières publications.*

« Elle a tenu, le 3 février, une assemblée générale ;
au bureau siégeaient : MM. le marquis du Planty, conseiller général, *président;* de la Coux des Roseaux, né-
gociant, *vice-président honoraire;* Gabriel Hugelmann,
auteur du *Nouveau Cid,* dont on n'a point oublié les
mélancoliques destinées, *secrétaire général;* Fournier,
trésorier du ministère de la guerre, *intendant général.*
... Dans la salle Valentino, où se tenait l'assemblée,
se pressaient, dit le rapport, cinq à six mille personnes,
dont plus de huit cents femmes, cinq maires et plusieurs adjoints de Paris; M. Berrier-Fontaine, l'un des
médecins de l'Empereur; M. Marchal de Calvi; *un séna-
teur, deux députés;* les membres du bureau de la Société des arts industriels de France... La balustrade
cernant l'estrade où se tenaient les dignitaires de la
société était recouverte d'un tapis de velours vert à

crépines d'or, prêté par la manufacture impériale de Sèvres. » Tous ces détails pouvaient laisser croire à un patronage, sinon actif, au moins affectueux de l'autorité.

« Cela se passait le 3 février, à Paris, et il a fallu que des faits analogues se renouvelassent à Mulhouse, en mars, pour que l'administration prît l'éveil. De plus, M. Giraudon, membre du comité de l'initiative, affirme avoir reçu en février 1865, de M. Conti, chef du cabinet de l'Empereur, l'assurance que le protectorat impérial était accordé à la nouvelle société. »

(*Avenir national* du 11 avril 1867.)

Donc, le 3 février dernier, à la salle Valentino, devant les sociétaires réunis, six mille personnes, dont plus de huit cents femmes, le comité d'organisation, n'ayant rien de sérieux à présenter comme résultat, s'en tire par un coup de théâtre, par une brillante mise en scène répétée plus tard à Mulhouse et un discours ronflant de M. Hugelmann. En effet, quel piteux résultat! Au bout de deux ans d'efforts, de propagande et de protectorat, « *on arrive à reconnaître que les décimes des travailleurs dévoués à l'œuvre se sont changés, dans la bourse de la Société, en une quinzaine de beaux billets de mille francs dont plus des trois quarts ne doivent rien à personne.* »

En secouant le ballon dégonflé de M. Hugelmann, on en fait tomber huit mille francs nets. En deux ans de cueillette, huit mille francs! Quelle somme! venant de plus de *dix mille personnes versant aujourd'hui régulièrement leur obole hebdomadaire entre les mains des membres des bureaux du département de la Seine.*

Oui, quel piteux résultat! quelle maigre cueillette! quoiqu'on ait mis en mouvement MM. les maires de Paris et de la banlieue, ainsi que leurs adjoints; et l'on voudrait remuer, par les mêmes procédés, toutes les autorités des départements pour assurer le succès de l'œuvre soi-disant *nationale.*

Quel aplomb! Tout en déplorant que *la Société ne soit pas reconnue officiellement*, on s'écrie que les *invalides civils de France sont fondés !*

Fondés, oui, sur le papier, dans l'imagination fertile de M. Gabriel Hugelmann. J'avais raison d'appeler la séance de la salle Valentino un coup de théâtre.

MM. du Planty, Hugelmann et Cᵉ, s'adressant à la classe pauvre, chatouillant son amour-propre, excitant sa convoitise, réveillant perfidement sa haine, exploitant habilement sa misère et sa dégradation sociale, tâchent de l'enlacer dans les liens du pouvoir, dans un but que le public avait facilement deviné, mais qui vient d'être clairement expliqué dans une lettre adressée à *Monsieur Granier de Cassagnac, rédacteur en chef du journal le Pays*, en daté du 17 courant, signée :

Le Président de la Société,   *Le Secrétaire général,*
M. DU PLANTY,   HUGELMANN.

14 avril 1867. Paris, 27, rue Laffitte (1).

Et afin que nul n'en ignore, en dépit du désaveu du *Moniteur*, les deux signataires ci-dessus continuent à insérer fièrement en tête de leur lettre explicative ces mots significatifs :

« *La Société nationale, pour l'extinction du paupérisme,* CONSTITUÉE SOUS LE PROTECTORAT DE L'EMPEREUR, etc. »

(1) Voir les lettres des 11 et 14 avril 1867, publiées dans les journaux *le Pays* et *la Gironde.*

C'est, avant tout, on le voit, une société politique; c'est un instrument politique qu'on veut mettre entre les mains du pouvoir contre l'opposition. Sous prétexte d'*organiser le travail,* on veut embrigader les ouvriers pour lutter dans les élections.

On appelle cela de la coopération. On pourrait l'appeler de la *caporalisation.*

Le gouvernement, au bruit de la réprobation publique, ne voulant pas paraître plus socialiste que les écoles communistes de 1848, a, dans *le Moniteur* du jeudi 11 avril 1867, décliné toute participation au projet d'association *pour l'extinction du paupérisme et des invalides civils.* Voici le désaveu du *Moniteur* du jeudi 11 avril.

On lit dans *le Moniteur* la note suivante :

« Quelques journaux de Paris et des départements ont reproduit, en l'accompagnant de réflexions diverses, le compte rendu d'une réunion tenue le 17 mars à Mulhouse, sous la présidence de deux délégués d'une association qui a pris le titre de *Société nationale pour l'extinction du paupérisme.*

« Le gouvernement accorde toujours ses sympathies aux efforts qui s'inspirent du désir sincère d'améliorer le sort de la classe ouvrière, mais il ne saurait lui convenir de partager certaines doctrines : entre lui et les hommes qui les professent, aucune solidarité n'existe, et il n'admet pas que, sous prétexte de poursuivre un but philanthropique, on se présente au public comme une sorte d'organe officiel, honoré du protectorat personnel de l'empereur. »

Le Temps du mercredi 10 avril 1867, en publiant les principaux articles des *statuts* de la *Société* dite *nationale,* a mis le public en garde contre cette souricière démocratique et sociale, destinée désormais, étant dé-

masquée, à se traîner dans l'ombre jusqu'à ce qu'elle
meure de sa digne mort. — *Amen!*

Nous assistons chez nous à des choses bien étranges,
il faut l'avouer. N'est-il pas vraiment curieux de voir
les mots de *socialisme, organisation du travail*, si bien
accueillis en ce moment?

Peut-on s'étonner qu'il se trouve un ex-transporté
d'Afrique, l'auteur du *Nouveau Cid*, qui, ayant échoué
au théâtre, exploite maintenant un socialisme de bric-
à-brac, travaillant depuis tantôt deux ans à une *Œuvre
malsaine* qui, du reste, n'en impose à personne, parce
que le but et les moyens sont connus?

Les ouvriers sont avertis, qu'ils se tiennent sur
leur garde; car les piéges sont nombreux et bien ten-
dus. L'appât est puissant.

Voici un autre traquenard politique et social. J'ai
là, sous les yeux, une *Lettre à MM. les députés, à propos
de la loi sur les sociétés coopératives et d'un projet* SPÉ-
CIAL AUX CHEMINS DE FER.

Cette lettre, formant une brochure, porte en tête,
sur la couverture, comme amorce :

Plus de salariat.

L'auteur, qui est chef de bureau à Asnières (Seine),
afin de lancer aussi son ŒUVRE, se met sous le protectorat de l'État, en s'adressant directement à l'Empereur. Voici la pièce ;

« *Lettre à S. M. l'Empereur.*

« Sire, les travailleurs abandonnent aujourd'hui l'a-
rène stérile de la politique et sont poussés, par un
souffle nouveau, dans un vaste mouvement de réforme
économique et sociale qui a nom *la coopération.*

« Vous avez, Sire, donné récemment une preuve éclatante de votre sympathie aux tisseurs lyonnais; si Votre Majesté daigne, en accordant l'exéquatur au projet ci-joint, prendre aussi sous sa tutelle les agents des chemins de fer, pour la plupart anciens soldats, elle corroborera *l'alliance du peuple et de César.* »

Du palais des Tuileries, le 12 janvier 1867 *(Cabinet de l'Empereur).*

(Pas de signature.)

Suit la réponse.

Lettre au ministre des finances. — *Réponse du ministère des finances.* — *Cabinet du ministre.* — Paris, le 4 janvier 1867. — (Pas de signature.)

Lettre au ministre d'État. — *Réponse du ministère d'État.* — *Cabinet du ministre.* — Paris, le 7 janvier 1867. — *Signé :* le ministre d'État, ROUHER.

Lettre au ministre de l'intérieur. — *Réponse du ministère de l'intérieur.* — *Cabinet du conseiller d'État, secrétaire général.* — Paris, le 8 janvier 1867. — L'auditeur au conseil d'État, attaché au secrétariat général : L. SAVOYE.

Lettre au ministre des travaux publics. — *Réponse du ministère de l'agriculture, du commerce et des travaux publics.* — Paris, le 30 janvier 1867. — *Signé :* le ministre de l'agriculture, du commerce et des travaux publics : FORCADE.

Avec quelle rapidité cela marche! On dirait qu'il y a urgence. Voyez les dates : Lettres d'envoi, le 31 décembre 1866; réponses, les 4, 7, 8, 12 et 30 janvier 1867.

Je ne puis mettre sous les yeux du lecteur toute la correspondance de l'auteur avec les ministres et le chef du cabinet de l'Empereur. Cette correspondance est

2.

très-curieuse et s'étale librement sur nos boulevards, chez tous les libraires, où chacun, moyennant quelques sous, peut se procurer la brochure susdite, qui se termine par des *statuts* en soixante-cinq articles, et qui constituerait, si le projet réussissait, grâce au concours du gouvernement dont on sollicite l'appui, *la Société de capitalisation des chemins de fer*, pour *l'émancipation du travail, l'extinction du paupérisme, l'abolition du salariat, objet des vœux ardents de celui qui a l'honneur d'être, messieurs* (les députés de la majorité), *votre très-humble et très-respectueux serviteur.*

A. LESAGE,

Membre de l'Association internationale des travailleurs, chef de bureau aux chemins de fer de l'Ouest, à Asnières (Seine), avenue Flachat, 18.

L'affaire est pendante à cause d'un projet de loi sur les sociétés coopératives qui est à l'étude au Conseil d'Etat et qui, une fois voté, facilitera l'exécution du projet en question, *afin*, dit l'auteur, *de mettre entre les mains du gouvernement la Société coopérative la plus féconde, la plus considérable qu'il soit possible de concevoir au temps présent dans notre pays.*

(*Lettre d'envoi au ministre de l'intérieur.*)

Tous ces projets de réforme économique et sociale, de régénération sociale, d'extinction du paupérisme, d'abolition du salariat, par le gouvernement, avec *hiérarchie* et *casernement*, n'ont aucune chance de succès, espérons-le, auprès des ouvriers intelligents et pénétrés de leur dignité.

Les ouvriers français, sous le titre de délégués du travail et de l'industrie veulent-ils des *caporaux ?* Ce qu'ils veulent, c'est l'exercice du droit de citoyen, c'est la vie d'hommes libres, d'êtres intelligents et forts de leur droit, animés et conduits par le devoir.

Mais une plèbe enrégimentée, emboîtant le pas à la prussienne sur les talons du pouvoir, sans opinion et sans idées politiques, puisqu'on lui recommande « *d'abandonner l'arène stérile de la politique* », travaillant silencieusement par escouades, sous l'œil vigilant de *ses caporaux industriels :* tel serait le résultat réel de la *Société* dite *Nationale*, réalisant ainsi le fameux idéal de *l'alliance du peuple et de César.*

Le peuple, organisé industriellement, socialement par le pouvoir au profit du pouvoir, ce serait là, de la part du peuple, l'abdication, la mort civile et politique; ce serait l'anticipation du tombeau.

Le peuple évitera l'entrée de cette vaste nécropole des vivants qu'on y veut enterrer d'autorité, sous prétexte d'éteindre la misère et le paupérisme. *Le Moniteur universel* (sera-t-il obéi?) s'est hâté, du reste, de désavouer d'aussi monstrueuses doctrines.

Mes amis, croyez-moi, restons au soleil, à la lumière, à l'air pur, au grand jour; vivons pour la liberté et par la liberté! vivons d'un travail libre et non d'une corvée militaire; soyons des hommes et non les rouages d'une machine gouvernementale.

Mettons la patrie au-dessus de César; cimentons l'alliance du peuple et de la liberté!

Voyez les horizons nouveaux et prochains.

A côté du socialisme d'État, dont nous ne voulons pas, il y a le socialisme individualiste dont nous voulons;

A côté de la gamelle césarienne, il y a le couvert fraternel des travailleurs unis;

A côté de la coopération gouvernementale, il y a la coopération ouvrière, ayant en elle-même son origine, son principe propre, son initiative personnelle, son but, ses moyens que la raison, la logique, la philosophie, la morale avouent;

Chez elle, à côté de la réglementation du travail, comme travail, il y a la liberté de mouvement et de franche allure;

A côté de la matière, il y a la pensée;

A côté de la simultanéité d'action, il y a place pour les aptitudes diverses, pour l'épanouissement complet du génie industriel et commercial;

A côté de la collectivité, il y a place pour l'individu qui n'est pas étouffé, comme dans un étau, au profit de la masse confuse et inerte;

A côté de la société industrielle, il y a la société politique qui parle, discute, propose, légifère, exécute soit par elle-même, soit par des mandataires toujours révocables et l'objet d'une surveillance vigilante;

A côté des sociétés diverses, se mouvant librement dans leur sphère spéciale, sur toute l'étendue de la France, dans le cadre immense de la coopération travailleuse, il y aura la grande coopération polititique, c'est-à-dire l'État nouveau, résumé ou synthèse de toutes les autres sociétés coopératives, conduisant la nation française, ainsi transformée, par le travail libre et la liberté politique, à un avenir de richesse et de puissance inconnues jusqu'alors. Si la coopération se renferme sagement dans le cercle d'idées émises dans cet écrit, elle a des chances certaines de réussite : sinon elle tombera ou dans l'impuissance, ou dans un certain socialisme d'embrigadement militaire qui nous mènerait directement et rapidement au bas-empire.

Résumons et concluons.

L'extinction du paupérisme, *l'abolition du salariat*, la *suppression du prolétariat* sous toutes ses formes, l'émancipation des travailleurs, la création des Invalides civils, l'association de tous les métiers est une idée de 1848, dont se sont emparés des charlatans en socialisme pour la fausser.

Comme exemple, nous avons cité MM. Hugelmann et Lesage, le premier voulant organiser le prolétariat pour lutter, aux élections prochaines, dans les centres industriels ; le second se proposant d'enrégimenter les agents et ouvriers de tous les chemins de fer, également dans un but politique : l'un et l'autre s'en font un mérite auprès de l'autorité. Tous les deux, en effet, invoquent le patronage de l'État ; mieux que cela, le protectorat du chef de l'État.

Spontanéité, volonté, activité, persévérance, tels sont les mots qu'il faut écrire sur le drapeau de la Coopération, œuvre de citoyens et non de l'État.

Rappelons donc les principes développés précédemment sur la Coopération :

Rien par l'État, tout par l'individu ;
Aucune ingérance gouvernementale ;
Liberté entière, initiative personnelle ;
Lenteur au début, prudence toujours ;
Procéder logiquement, avec des éléments bien connus de moralité, de travail, de bonne conduite, de conviction démocratique ;
Imposer un noviciat et des épreuves aux auxiliaires aspirant à être admis au sein de la société ;
Ne pas dépasser un certain chiffre d'associés, chiffre variable, toutefois, selon les industries diverses ;
N'entreprendre d'affaires que selon les moyens dont disposent les sociétaires ;
Augmenter prudemment, sans soubresaut, le mouvement coopératif ;

Éviter l'apparat, les coups de théâtre, le charlata-
nisme, la réclame tapageuse;

Relier, autant que possible, toutes les associations
entre elles, afin de rattacher tous les fils démocra-
tiques à une trame générale qui couvre tout le pays;

Arriver ainsi par l'*individualisme* à la *solidarité
réelle*;

Rattacher son principe, son but, ses moyens au
principe démocratique, c'est-à-dire à l'égalité, à la
liberté, à la fraternité;

Être bien convaincu que la *coopération* et la *politique* sont corrélatives et réductibles l'une dans
l'autre;

Être bien convaincu que la coopération vraie sup-
pose la liberté vraie partout, dans le gouvernement,
la liberté politique, la liberté de la presse, la liberté de
réunion surtout.

En veut-on une preuve éclatante? Citons un fait.
Tout récemment, les délégués des ouvriers tailleurs de
Londres sont venus à Paris pour appuyer la grève des
ouvriers tailleurs de Paris. Le gouvernement a autorisé
ceux-ci qui, du reste, profitaient du bénéfice de la loi
sur les coalitions, à se réunir comme et aussi souvent
qu'ils l'ont voulu; mais, quand ils ont demandé l'auto-
risation de célébrer, dans un banquet fraternel, la ve-
nue cordiale de leurs confrères les ouvriers anglais, ils
ont vu avec chagrin leur demande catégoriquement
repoussée. Est-ce concluant?

Il n'y a donc que la liberté complète qui puisse assurer le succès complet, matériel et moral, de l'œuvre
coopérative.

Oui, la liberté, avec ses vastes ailes déployées sur la
France, assurera la richesse nationale, augmentera la

population, fera fleurir le commerce, l'industrie, l'agriculture, la science ; propagera au loin, par l'enseignement, par les livres, par la presse, par la tribune le nom glorieux de la nation française, aimée de tous les peuples, détestée de tous les despotes, quand elle est libre et qu'elle s'écrie au chant du *Départ* :

« *Nous donnerons au monde et la paix et la liberté.* »

Paris, le 16 avril 1867.

MALARDIER,
Ancien représentant du peuple.

FIN

Paris. — Imprimerie L. Poupart-Davyl, rue du Bac, 30